AF451814

LA

CHASSE AUX PRÊTRES

APPROBATION

Nous, Marie-Joseph-François-Victor MONYER DE PRILLY, par la miséricorde divine et la grâce du Saint-Siége apostolique, Évêque de Châlons ;

La Société de SAINT-VICTOR pour la propagation des bons livres ayant soumis à notre approbation six petits ouvrages intitulés : 1º *Légende de Saint-Eustache ;* 2º *Légende de Saint-Julien le bon Hospitalier ;* 3º *Histoire d'un petit duc de Brabant ;* 4º *Histoire de l'homme au Masque de fer ;* 5º LA CHASSE AUX PRÊTRES, etc ; 6º *Physiologie du Cabaret ;* — nous avons fait examiner ces ouvrages ; et, d'après le rapport qui nous en a été fait, nous pensons que la lecture en sera utile et agréable.

Donné à Châlons, sous notre seing, le sceau de nos armes et le contre-seing du Secrétaire de l'Évêché, le 24 juin 1849.

† M.-J.-F.-V., Évêque de Chalons.

Par Monseigneur :

DARAS, chanoine-secrétaire.

Chasseur de prêtres.

LA
CHASSE AUX PRÈTRES

PROFILS

DE CEUX QUI LA FONT

ET CE QU'ILS EN RETIRENT

PAR LE BARON DE NILINSE

Nolite tangere christos meos.
Psaume 104.

SECONDE ÉDITION

SOCIÉTÉ DE SAINT-VICTOR POUR LA PROPAGATION
DES BONS LIVRES

<table>
<tr><td>PARIS</td><td>PLANCY</td></tr>
<tr><td>LIBRAIRIE CENTRALE DE LA
SOCIÉTÉ, R. DE TOURNON, 16.</td><td>SIÉGE, DIRECTION, IMPRIMERIE
ET LIBRAIRIE DE LA SOCIÉTÉ.</td></tr>
</table>

1853

Typ. de la Société de Saint-Victor. — J. COLLIN, imp.

Chasseur de prêtres

LA
CHASSE AUX PRÊTRES

I

LE PÈRE FAYARD

Vous avez pu lire, dans les journaux de ces dernières années, l'histoire de Claude Fayard, racontée par un homme d'esprit et de cœur, dont un *lapsus memoriæ* ne nous permet pas en ce moment de vous rappeler le nom. Mais nous vous en remettrons sous les yeux les principaux faits.

Un jour du mois de mai 1793, dans un petit salon de l'hôtel Renac, à Rennes, deux femmes et un prêtre achevaient un modeste déjeuner. Les deux femmes étaient les demoiselles de Renac, saintes filles que la Révolution avait dépouillées d'une fortune considérable, sans changer leur train de vie ; car, de tous temps, les aumônes et les bonnes œuvres avaient absorbé leur revenu. Toutes deux avaient passé l'âge mûr. Leur costume pareil, composé d'une robe sombre, d'une coiffe blanche sans broderies, avait quelque chose d'austère et de monacal. Le prêtre était M. l'abbé Binel, ci-devant sous-diacre de l'église paroissiale de Toussaints, maintenant proscrit.

L'abbé Binel était un de ces bons vieux prêtres, au cœur simple et primitif, dont la vie s'est dépensée à faire le bien sous toutes les formes. N'ayant jamais pu surmonter une timidité invincible, il était resté sous-diacre cinquante ans, remplissant avec zèle, sans désirs ambitieux, les devoirs de son humble ministère. Il avait alors soixante-quatorze ans. La plus âgée des deux sœurs lui adressait la parole en poursuivant une conversation commencée.

— J'ai bien peur, mon père, disait-elle, que notre maison ne soit pour vous désormais un asile dangereux. Cet homme est sans cesse aux aguets. Tenez...

A travers les barreaux de la persienne fermée, on voyait sur le terre-plein un homme grand et maigre, vêtu d'une sorte de soutane en drap rouge, boutonnée du haut en bas, coiffé d'un bonnet phrygien. Ses cheveux long et plats tombaient sur ses épaules. Son visage était pâle, ses paupières agitées d'un frémissement continuel. Il allait par bonds irréguliers, tantôt arpentant le terre-plein en trois ou quatre enjambées, tantôt marquant le pas comme un soldat sous les armes. Il gesticulait d'une manière étrange; ses lèvres s'agitaient comme s'il se fût parlé à lui-même.

Malgré ses mouvements et ses évolutions bizarres, il ne quittait pas de l'œil, une minute, les fenêtres de l'hôtel de Renac.

— A la volonté de Dieu! mes bonnes demoiselles, dit l'abbé. Une seule chose m'inquiète : si je suis découvert, vos têtes seront menacées....

— Hélas! Monsieur l'abbé, c'est la moindre chose. S'il ne s'agissait que de nous... Cet homme regarde l'hôtel avec une persistance qui fait frémir.

Il y eut quelques minutes de silence. Les demoiselles suivaient toujours. avec une inquiète frayeur, l'homme au bonnet phrygien.

Un rayon de soleil se fit jour à travers les planchettes de la persienne, et vint tracer un mince filet d'or sur le tapis du salon. M. Binel sembla s'éveiller brusquement, et. se prenant à sourire avec mélancolie, il dit :

— Voici un ami que je n'ai pas vu de longtemps, mes bonnes demoiselles. Mes vieux membres ne connaissent plus guère la chaleur du soleil...

Les deux sœurs échangèrent un regard de respectueuse commisération. L'abbé occupait une chambrette intérieure sans fenêtres, où il pouvait à peine jouir de la lumière du jour.

—Chose étrange! ajouta-t-il, ce rayon fait revivre en moi tout un monde de souvenirs. Ils sont bien heureux ceux qui peuvent respirer l'air des champs! Quel beau temps il fait sans doute au dehors! N'y a-t-il pas déjà des feuilles sur les arbres?

La disposition inclinée des barreaux de la persienne ne laissait voir que le sol même de la promenade et le bas des troncs d'arbres à hauteur d'homme. Pour le reste, il fallait ouvrir la fenêtre.

—Mon cher Monsieur, vous serez bientôt libre, il faut l'espérer. Alors...

— C'est un désir d'enfant, interrompit le prêtre. Il faut que je revoie le beau ciel du printemps; je ne ferai qu'entr'ouvrir la croisée, on ne me verra pas.

Tout en parlant, il s'était levé, retrouvant la vivacité de ses jeunes années, et il se dirigeait vers la fenêtre.

Les demoiselles de Renac le regardaient faire avec surprise.

—Mon père, s'écrièrent-elle ensemble, vous n'y pensez pas ; cet homme peut vous apercevoir.

—Il est parti, je ne le vois plus.

Le maniaque, en effet, soit hasard, soit instinct inexplicable, s'était accroupi derrière le parapet.

—Comme le soleil est déjà chaud ! continua le veillard en touchant les persiennes d'une main tremblante d'émotion et de désir ; je le sens à travers le bois. Ne voit-on pas d'ici les clochers de Toussaints mes sœurs ?

—On les voit, mon père.

—Pauvre chère paroisse ! il y a cinquante ans que je l'aime. Cette homme qui vous faisait peur, il n'y a qu'un instant, je l'ai vu baptiser à Toussaints. J'étais bien jeune alors. J'ai assisté à sa première communion, je l'ai fait recevoir bedeau ; j'ai contribué à le marier. .

La voix du vieillard était devenue tremblante ; il avait posé sa main sur l'espagnolette et semblait combattre un irrésistible désir. Enfin, la croisée fut entr'ouverte; le prêtre plongea un avide regard dans la direction de Toussaints, de grosses larmes coulaient le long de ses joues.

A ce moment, la domestique des demoiselles de Renac entra pour enlever le déjeuner. Un courant d'air s'établit entre la porte et la fenêtre. La soutane de l'abbé Binel, entraînée dans l'ouverture des persiennes flotta un instant au dehors. La longue et maigre figure du maniaque se dressa tout à coup, juste en face du prêtre, de l'autre côté de la rue.

Les deux sœurs poussèrent un cri lamen-

table et se précipitèrent pour fermer la croisée ; mais il était trop tard. M. Binel, lui,
n'avait rien vu. Il se retourna au cri des
deux vieilles demoiselles, et demeura stupé-
fait de ce qu'elles lui apprirent.

— La volonté de Dieu soit faite ! dit-il.
Espérons pourtant qu'il ne permettra pas
que votre bonne œuvre reçoive une si triste
récompense. Je vais me renfermer dans ma
cachette. Priez Dieu, mes sœurs, et que son
saint nom soit béni !

Comme on l'a vu, l'homme au bonnet
phrygien s'était caché, sans pour cela dis-
continuer son observation. A l'aspect de la
soutane, il avait poussé une sorte de rugis-
sement rauque et sauvage, et pris sa course
vers l'intérieur de la ville. Il enfila plusieurs
rues, et vint tomber à l'improviste au milieu
du cabinet de l'accusateur public, près le
tribunal révolutionnaire.

— Eh bien ! Fayard, dit celui-ci sans quitter la plume, avons-nous du gibier?

Fayard fut quelques secondes sans pouvoir répondre. L'haleine lui manquait, tant il avait mis d'ardeur dans sa course Il dit enfin d'une voix haletante :

— A l'hôtel ci-devant..., ci-devant de Renac... Je l'ai vue. citoyen, je l'ai... vue.

— Qu'as-tu vu, Claude ! reprit le magistrat en dressant l'oreille.

— Une soutane .

L'accusateur connaissait son homme ; il n'en demanda pas davantage.

Il agita vivement une sonnette placée sur son bureau. Une espèce de familier se présenta, qui reçut un ordre à voix basse. Un quart-d'heure après, l'hôtel de Renac était cerné de toutes parts.

Fayard guida lui-même le détachement, et franchit le premier les portes de l'hôtel.

Le reste se devine. Cet homme, qui devait tout au bon abbé Binet, découvrit sa cachette à l'aide de deux dogues qu'il avait dressés à la chasse aux prêtres. Le vieillard monta sur l'échafaud.

Beaucoup d'épisodes de ce genre remplirent pendant deux ans la vie de Claude Fayard. Mais quand la sécurité revint, cet homme garda sa manie furieuse. Rien ne put le guérir, et c'est dans cette folie enragée qu'il expira comme une bête redoutée, après avoir été quinze ans l'épouvante et l'horreur de ceux qui le connaissaient.

II

JEAN LE MAUDIT

—

Une lettre datée de Neucourt. le,... et si-
gnée A. J., a fait connaître, dans la presse
périodique, il y a douze à quinze ans, cet
autre citoyen de la cité de Satan.

« Il y a longtemps, dit le narrateur, vivait
dans ce village un brave homme qui, par son
travail, avait gagné de quoi acheter une petite maison et quelques journaux de terre
qu'il cultivait lui-même. Il était veuf et n'a-
vait qu'un fils tout jeune, qu'on nommait
Jean.

» Plein d'intelligence, malin comme un

singe, Jean faisait des tours à tout le monde. Il était le plus paresseux de l'école, et cependant il en savait plus que tous les autres. Cette facilité, les éloges de quelques gens de la ville, surpris de voir un paysan moins sot qu'ils ne le croyaient, tournèrent la tête du pauvre père, et il lui vint la fâcheuse idée de faire un savant de son fils. A Dieu ne plaise que nous méprisions la science; ce doit être une belle et bonne chose; mais il nous semble que, dans chaque état, on peut être glorieux d'être plus instruit que les autres, et que le meilleur fermier dans son canton peut être aussi fier que le plus savant dans une ville. Le père de Jean vendit sa maison et son bien, et réalisa une somme avec laquelle il envoya son fils étudier à Paris; lui se remit à travailler chez les autres.

» Tout cela se passait à l'époque où commençaient à fermenter dans les têtes ces idées qui amenèrent la grande révolution.

Jean fit, dit-on, de rapides progrès ; mais en même temps il embrassa avec ardeur les nouvelles idées : et, quand éclata la terrible catastrophe de 1793, il se jeta à corps perdu dans les extravagances et dans tous les crimes.

» Pendant le régime de la Terreur, il revint à son village pour le régénérer, disait-il. Jugez de l'effroi que répandit dans une population paisible la présence d'un homme qui affichait les principes les plus étranges. S'adressant sans cesse aux jeunes gens, il cherchait à les entraîner, tournait en ridicule les anciens usages, se moquait des choses les plus saintes, et se répandait chaque jour en injures contre le bon curé, qui était depuis si longtemps aimé et respecté dans tout le pays.

» Non content de semer ainsi ses criminelles pensées, Jean voulut joindre l'exemple au précepte, et il décida qu'il fallait abattre toutes les croix que la piété des fidèles avait élevées pour appeler la protection de Dieu sur leurs champs. Personne ne voulant l'aider dans ce sacrilége travail, il l'entreprit seul. La hache à la main, il renversa tous ces pieux monuments, et, par dérision, se fit construire avec leurs débris une maison au milieu d'un champ qu'il s'était fait adjuger comme propriété nationale.

» Chacun ici haïssait le coupable auteur de tant de méfaits ; mais celui qui les déplorait le plus amèrement, c'était son malheureux père, qui voyait enfin quel tourment il s'était préparé. Le chagrin et la honte l'accablèrent, sa santé s'altéra ; bientôt il fut aux portes du tombeau. Sentant sa fin approcher, le pauvre père voulut obtenir le pardon de tous les scandales dont il s'accusait d'être la première cause. Il demanda à voir le vertueux curé qui avait été obligé de se cacher depuis l'arrivée de Jean. Quoiqu'il n'ignorât pas à quel danger il s'exposait, le bon pasteur n'hésita pas, lorsqu'il apprit dans sa retraite qu'un mourant réclamait son secours. Il accourut. Mais Jean, qui l'attendait au seuil de la porte, osa porter la main sur ce vieillard respectable, et l'entraînant jusqu'à la ville, il le livra aux autorités en le dénonçant comme prêtre réfractaire.

» Depuis, il disparut. En apprenant par quel crime affreux Jean l'avait privé des dernières consolations que l'homme puisse espérer sur la terre, son père le maudit et expira.

» Jean était retourné à Paris. Je ne pourrais vous dire ce qu'il y fit. Heureusement pour le pays, il fut assez longtemps sans reparaître et nous espérions qu'il ne reviendrait plus.

» Quand pourtant le calme fut rétabli, quand l'indignation publique poursuivit les auteurs et les complices de tous les maux et de tous les crimes qui avaient désolé la France, Jean crut qu'il se soustrairait plus aisément au danger qui le menaçait, en venant enfouir sa triste célébrité dans le petit village où il était né, et où il espérait pouvoir vivre obscur et ignoré.

» Mais si l'on peut se dérober aux yeux des hommes, si l'on peut trouver l'impunité en les fuyant, il est une vengeance qu'on ne peut éviter nulle part, ni dans ce monde ni dans l'autre. Si Jean ne trouva pas parmi nous ces haines dangereuses qui l'obligeaient à quitter Paris, il s'aperçut bientôt qu'il inspirait l'horreur et le mépris. Chacun le fuyait, on évitait sa rencontre comme un présage de malheur, on l'accusait de tous les accidents qui survenaient. Quel que fût le prix qu'il offrait, il ne pouvait trouver de gens pour le servir, ni d'ouvriers pour travailler à ses champs.

» Il résulta de cet abandon général que ses biens perdirent promptement leur valeur. Ses bestiaux dépérirent faute de soins. La grêle ravagea plusieurs fois ses récoltes. Enfin un jour le tonnerre tomba sur cette maison construite avec les pierres enlevées aux croix, et la renversa de fond en comble.

» Mais un malheur plus grand devait encore frapper Jean-le-Maudit. Sa raison s'égara, et sa triste folie trahit, aux yeux de tous, les remords qui déchiraient son cœur et qu'il avait dissimulés jusque-là. Depuis ce moment, chaque soir, à onze heures, quelque temps qu'il fasse, le malheureux sort de la maison où il reste caché tout le jour ; il va droit au cimetière et s'agenouille sur la tombe de son père ; puis, après avoir embrassé la croix réédifiée au milieu du champ du repos, il commence son pèlerinage, se prosternant à tous les endroits ou étaient placées les croix qu'il a brisées autrefois, se roulant à terre et demandant à Dieu un pardon que ni ses larmes ni ses sanglots n'ont encore pu obtenir.

» Tout à la fois objet d'horreur et de pitié, Jean-le-Maudit, qu'on voulait d'abord chasser du village, y est resté comme une leçon vivante pour nos enfants, et pour nous comme un exemple terrible de la vengeance de Dieu. »

III

CHARLAT

—

L'histoire n'a donné de Charlat ni son ori-
gine ni son lieu de naissance; on n'a pas
même conservé son portrait, qui était, dit-
on, un modèle de laideur ignoble et féroce.

C'était, en 1792, un garçon perruquier de
la rue de Jouy, à Paris.

Il se crut destiné à régénérer la patrie et
à ramener les lumières. Dans ce sens, il se
signala parmi les plus infatigables massa-
creurs de prêtres.

Il travailla à l'Abbaye et partout où il ap-
prenait qu'il y avait des prêtres, des moi-

nes et des religieuses à mettre à mort.

Chose singulière pour le temps ! malgré son dévouement, l'exécration publique s'attacha à lui si rapidement et si vivement, qu'un jour il reconnut qu'il devait fuir une société peu avancée.

Quelques mois donc après les crimes du 2 septembre, il se réfugia à l'armée de Dumouriez et se fit soldat.

Mais il était plus que poltron, il était honteusement lâche devant les hommes armés.

Il croyait relever son ignominie en parlant de la fermeté avec laquelle il avait massacré des prêtres. Il y a de l'honneur, du véritable honneur dans le soldat, mêlé peut-être à quelque peu d'ardente colère. Un jour ses camarades, indignés de l'entendre vanter ses odieux forfaits, finirent « par lui faire ce qu'il avait fait aux prêtres : ils l'assommèrent[1]. »

[1] M. Georges Duval, *Épisodes de la Révolution.*

IV

LES DERNIERS INSTANTS

Puisque nous avons commencé par des traits isolés, citons un récit du savant docteur Descuret.

« Vers le milieu de l'année 1826, dit-il, je fus appelé chez un restaurateur sexagénaire, qui tenait le petit hôtel de Dijon, au nº 211 de la rue Saint-Jacques, à Paris. Ce malade, atteint d'une affection squirrheuse du foie, s'était vainement adressé aux premières notabilités de la médecine. Son mal avait augmenté d'une manière effrayante avec les années, sous l'influence des violents accès de colère auxquels il se livrait presque tous les jours. Dès ma première visite, jugeant ce vieillard à la veille de succomber, je me bornai à lui prescrire du petit-lait laudanisé, une potion calmante et un emplâtre d'opium sur l'hypocondre droit. A l'aide de ces narcotiques, je parvins à calmer les douleurs atroces qu'il éprouvait et à lui procurer une des nuits les plus paisibles qu'il eût passées depuis longtemps.

» Le lendemain matin, dans l'ivresse de sa joie, il me serrait affectueusement la main, m'appelait déjà son sauveur, et me promettait de suivre ponctuellement le moindre de mes avis. Je déclarai toutefois à la famille que le danger était des plus imminents, qu'il ne fallait aucunement se fier au mieux momentané qu'éprouvait le malade, mais en profiter pour lui faire mettre ordre à ses affaires. Vers les six heures du soir, on revint me chercher en toute hâte, non pour le vieillard, mais pour sa femme, à qui il venait d'ouvrir le sein en lui brisant par colère une tasse de porcelaine sur la poitrine.

»Après avoir arrêté l'hémorrhagie et pansé cette pauvre femme, je me disposais à sortir, lorsque le mari, à qui je n'avais pas adressé un mot, m'arrêta par le pan de mon habit, me disant d'un air piteux : — Eh quoi! Monsieur le docteur, vous vous en allez sans daigner seulement me regarder ?

—» Pourquoi m'occuperais-je encore d'un malade que j'étais parvenu à soulager, et qui fait tout ce qu'il peut pour rendre mes soins inutiles? Au reste, Monsieur, ajoutai-je d'un ton sévère, j'ai appris que vous aviez grossièrement injurié vos deux premiers médecins, et que notre vénérable doyen, M. Portal, ne vous avait abandonné que parce que vous vous étiez oublié jusqu'à lever la main sur lui. A tous ces actes de violence, joignez la brutalité dont vous venez d'user envers votre femme, et jugez si je ne dois pas hésiter à vous continuer mes soins.

— « Vos reproches ne sont que trop justes, reprit le malade d'un air pénétré, je suis surtout bien coupable d'avoir maltraité ma femme. Mais aussi, Monsieur, si vous saviez ce qu'elle exigeait de moi ! Ne voulait-elle pas que je fisse appeler un prêtre, moi qui les ai toujours en horreur ?

— » L'intention de votre femme n'avait rien que de louable. En vous proposant de mettre en paix votre conscience, elle vous donnait une nouvelle preuve de son affection, et si cela était entièrement opposé à vos idées, vous deviez vous borner à un simple refus, et non la frapper.

— » Mais enfin, Monsieur le docteur, vous qui avez fait des études, que feriez-vous si vous étiez à ma place et qu'on vous proposât une pareille chose ?

— » Moi, je n'hésiterais pas à mettre en paix ma conscience, d'abord par conviction; en second lieu, parce que le calme de l'âme contribue puissamment à alléger nos souffrances, et même à dissiper la maladie .

— » C'est bien singulier, qu'ayant fait des études, vous ayez cette manière de voir!

— » Au contraire, mes convictions religieuses sont en grande partie le fruit de mes études.

— » Eh bien! reprit alors le malade, qu'on fasse venir un prêtre; aussi bien, depuis longtemps, j'en ai lourd sur la conscience!

— » Heureuse de cette détermination, la pauvre femme envoie aussitôt chercher un des vicaires de la paroisse Saint-Jacques. A peine cet ecclésiastique est-il entré auprès du vieillard, que celui-ci lui dit d'une voix tremblante : — Tenez, Monsieur, enlevez-moi ce coutelas que j'avais mis sous mon oreiller. — Que vous êtes imprudent, mon ami! mais vous courez risque de vous blesser! — Eh! Monsieur l'abbé, je m'en étais armé pour vous le plonger dans le cœur, si vous fussiez venu sans mon assentiment. Oui, ajouta-t-il devant tous les assistants, en sep-

tembre 93, j'ai massacré dix-sept ecclésiastiques, et peu s'en est fallu que vous ne fissiez
le dix-huitième. Mais rassurez-vous, Dieu a
eu pitié de moi ; un regard de sa grâce a suffi
pour m'éclairer.

» Le vicaire alors s'empara de l'énorme
couteau, et s'enferma avec ce malheureux,
qui lui donna les plus douces consolations
qu'il ait peut-être jamais goûtées dans l'exercice de son ministère. Déjà il se retirait, an-
nonçant à la famille qu'il allait apporter au pénitent les derniers sacrements de l'Église, lorsque celui-ci s'écria, d'une voix étouffée par
ses sanglots :

— » Revenez, Monsieur l'abbé, revenez
bientôt auprès de moi, j'ai bien besoin de vos
consolations. Mais, je vous en conjure, n'ap-
prochez pas de mes lèvres le divin Rédemp-
teur dont tout à l'heure encore je blasphé-
mais le nom. Je suis trop indigne d'un tel
bonheur !

— » Dieu est rempli de miséricorde, lui

dit le vicaire, profondémant attendri ; on re-
pare ses fautes quand on les pleure amèrement, et votre repentir me paraît trop sincère pour que j'hésite à vous administrer les
sacrements que réclame immédiatement votre position.

— » Je les recevrai, M. l'abbé, puisque
vous me l'ordonnez, reprit le nouveau cen-
tenier ; mais seulement après avoir fait
amende honorable devant ceux que j'ai autrefois scandalisés par mes forfaits.

» Ayant aussitôt envoyé chercher des voisins, ses anciens camarades, il leur demanda
pardon des affreux exemples qu'il leur avait
donnés à l'Abbaye et aux Carmes, embrassa
en pleurant sa femme, et reçut à genoux le
saint viatique avec la piété la plus édifiante.
Son confesseur voulait alors qu'il se couchât ;
mais il restait en prières, appuyé sur le chevet de son lit. Pressé de nouveau de prendre
la position qu'exigeait son état de faiblesse :

— » Je sens, dit-il, qu'il ne me reste que

peu d'instants à vivre. Je ne puis rien offrir à Dieu que mes prières et mes larmes. Laissez-moi du moins la consolation de mourir à genoux. C'est faire bien peu pour expier tous mes crimes !

» Vers minuit, il poussa un profond soupir, et s'endormit dans le Seigneur ; toujours à genoux, et les lèvres appliquées sur un crucifix qu'il n'avait pas cessé de baigner de ses pleurs. »

Mais tous les tueurs de prêtres n'ont pas eu les mêmes grâces mystérieuses.

Un boulanger de la rue Sainte-Marguerite à Paris (c'est une histoire que tout le quartier vous contera encore), ayant appris qu'on massacrait les prêtres à la prison de l'Abbaye, quitta son four qui chauffait, et courut au lieu du carnage, armé d'une bûche avec laquelle il assomma quelques vieux ecclésiastiques. Six semaines après, comme il rangeait dans sa cave une charge de bois qu'on lui envoyait par le soupirail, une bûche que lançait son fils l'atteignit à la tête et le tua.

Nous citerions une multitude de faits récents comme ceux-là. Nous y reviendrons plus tard. Reculons un peu dans les autres époques.

LE MEURTRE D'UN ÉVÊQUE

Lorsque Thomas Becket, élevé au siége de Cantorbéry, voulut soutenir, contre les envahissements du roi d'Angleterre Henri II les droits sacrés de l'Église, il vit tous les lâches courtisans s'élever contre lui. L'humble prélat, qui avait longuement refusé la dignité épiscopale, et qui, en l'acceptant à la prière instante du roi, l'avait prévenu qu'il ne se rendait qu'avec l'inébranlable volonté de défendre les prérogatives ecclésiastiques fut jugé inflexible dès qu'il se montra attaché à son devoir. Henri II lui retira ses bonnes grâces, parce qu'il n'abandonnait pas la cause de Dieu et les droits des pauvres.

C'est à cette occasion qu'un sage théologien a fait cette remarque.

« De quelque manière que les saints se soient conduits, ils ne peuvent éviter d'être condamnés au tribunal des incrédules. Lorsque, dans les premiers siècles, ils se sont laissés traîner au supplice sans résistance, c'étaient des imbéciles, des fanatiques abusés par des fables et des prestiges. Dans les siècles suivants, lorsqu'ils ont défendu des droits fondés sur une longue possession et sur la jurisprudence universelle, ce sont des insolents ambitieux, qui ont troublé le repos des nations. Ceux qui ont souffert en silence la dépravation des cours et le libertinage des rois étaient des âmes viles et corrompues qui n'ont pas eu le courage de dire la vérité, et de tenir parti pour la justice. Se sont-ils élevés contre le brigandage qui a régné si longtemps dans toutes les contrées de l'Europe, voilà des séditieux et des rebelles. Ceux qui ont quitté le monde pour s'éloigner de la corruption étaient des enthousiastes mélancoliques, des fainéants inutiles à la société. Si d'autres, en considération de leurs talents et de leurs vertus, ont été placés à la tête des affaires, c'est l'ambition et l'hypocrisie qui les y a conduits. Dans le temps que l'Église était pauvre, on fait un crime à ses ministres d'avoir vécu d'aumônes. Lorsqu'on lui a confié des richesses pour les mettre à couvert de la rapacité des grands, on lui reproche d'avoir tout envahi. Que faudrait-il pour satisfaire des censeurs aussi capricieux? Les engraisser aux dépens de l'Église, des pauvres, des établissements de charité ; alors peut-être ils nous permettraient de croire en Dieu. »

» Donc Henri II. n'ayant pu vaincre par aucun moyen la fermeté inébranlable que Thomas opposait à sa criminelle avidité, après avoir exhalé sa colère contre lui, il s'écria :

— Ne se trouvera-t-il personne, parmi ceux que j'ai comblés de bienfaits, qui me venge d'un prêtre dont les exigences troublent mon royaume ?

Aussitôt quatre gentilshommes de la suite du monarque, dans l'espoir de se rendre agréables à ses yeux, partent de Caen, où était la cour, traversent la mer, et se rendent en hâte à Cantorbéry pour assassiner le saint archevêque.

En apprenant que sa vie était menacée et que des meurtriers s'étaient armés contre lui, Thomas montra le plus grand calme. Il se rendit à l'église, selon son usage, pour assister à l'office du jour. C'était le 29 décembre de l'année 1170. En voyant entrer ses bourreaux, il fit quelques pas à leur rencontre, les attendit sur les marches du chœur, et tendit la tête à leurs coups, en recommandant à Dieu le salut de l'Église. Les quatre gentilshommes l'assommèrent.

Si Burnet, le fanatique, a tenté d'outrager

la mémoire de ce saint martyr, Bossuet n'est pas le seul qui l'ait défendu. Augustin Thierry a lui-même plaidé cette cause dans son *Histoire de la conquête d'Angleterre par les Normands*. Qu'il nous soit permis d'emprunter à cet écrivain célèbre le récit du meurtre.

« Thomas Becket venait d'achever son repas du matin, et ses serviteurs étaient encore à table. Il salua les Normands à leur entrée, et demanda le sujet de leur visite. Ceux-ci ne lui firent aucune réponse intelligible, s'assirent, et le regardèrent fixement pendant quelques minutes. Regnault, fils d'Ours, prit ensuite la parole : — Nous venons, dit-il, de la part du roi, pour que les excommuniés soient absous, que les évêques suspendus soient rétablis, et que vous-même donniez raison de vos desseins contre le roi.

— » Ce n'est pas moi, répondit Thomas, c'est le Souverain-Pontife lui-même qui a excommunié l'archevêque d'York, et qui seul, par conséquent, a droit de l'absoudre. Quant aux autres, je les rétablirai, s'ils veulent me faire leur soumission.

— » Mais de qui donc, demanda Regnault, tenez-vous votre archevêché? Est-ce du roi ou du Pape?

— » J'en tiens les droits spirituels de Dieu et du Pape, et les droits temporels du roi.

— » Quoi! ce n'est pas le roi qui vous a tout donné?

— » Aucunement, répondit Becket.

» Les Normands murmurèrent à cette réponse, traitèrent la distinction d'argutie, et firent des mouvements d'impatience, s'agitant sur leurs siéges et tordant leurs gants qu'ils tenaient à la main.

— » Vous me menacez, à ce que je crois, dit le primat; mais c'est inutilement. Quand toutes les épées d'Angleterre seraient tirées contre ma tête, vous ne gagneriez rien sur moi.

— » Aussi ferons-nous mieux que menacer, répliqua le fils d'Ours, se levant tout à coup, et les autres le suivirent vers la porte, en criant : Aux armes !

» La porte de l'appartement fut fermée aussitôt derrière eux. Regnault s'arma dans l'avant-cour, et prenant une hache des mains d'un charpentier qui travaillait, il frappa contre la porte pour l'ouvrir ou la briser. Les gens de la maison, entendant les coups de hache, supplièrent le primat de se réfugier dans l'église, qui communiquait à son appartement par un cloître ou une galerie. Il ne le voulut point. et on allait l'entraîner de force, quand un des assistants fit remarquer que l'heure des vêpres avait sonné.

— » Puisque c'est l'heure de mon devoir, j'irai à l'église, dit l'archevêque, et faisant porter sa croix devant lui, il traversa le cloître à pas lents, puis marcha vers le grand autel, séparé de la nef par une grille de fer entr'ouverte.

» A peine il avait mis le pied sur les mar-

ches de l'autel, que Regnault, fils d'Ours,
parut à l'autre bout de l'église, revêtu de sa
cotte de mailles, tenant à la main sa large
épée à deux tranchants, et criant : A moi !
à moi ! loyaux servants du roi. Les autres
conjurés le suivirent de près, armés comme
lui de la tête aux pieds, et brandissant leurs
épées. Les gens qui étaient avec le primat
voulurent alors fermer la grille du chœur ;
lui-même le leur défendit, et quitta l'autel
pour les en empêcher. Ils le conjurèrent avec
de grandes instances de se mettre en sûreté
dans l'église souterraine, ou de monter l'es-
calier par lequel, à travers beaucoup de dé-
tours, on parvenait au faîte de l'édifice. Ces
deux conseils furent repoussés aussi positi-
vement que les premiers. Pendant ce temps,
les homme armés s'avançaient. Une voix
cria : — Où est le traître ? Becket ne répondit rien. — Où est l'archevêque ? -- Le
voici, répondit Becket ; mais il n'y a pas de
traître ici. Que venez-vous faire dans la mai-

son de Dieu, avec un pareil vêtement [1] ?
Quel est votre dessein ?

— » Que tu meures.

— » Je m'y résigne. Vous ne me verrez
point fuir devant vos épées ; mais, au nom
de Dieu Tout-Puissant, je vous défends de
toucher à aucun de mes compagnons, clercs
ou laïques, grands ou petits.

» Dans ce moment, il reçut par derrière
un coup de plat d'épée entre les épaules, et
celui qui le lui porta lui dit : — Fuis, ou tu
es mort [2]. Il ne fit pas un mouvement. Les
hommes d'armes entreprirent de le tirer
hors de l'église, se faisant scrupule de l'y
tuer. Il se débattit contre eux, et déclara
fermement qu'il ne sortirait point, et les
contraindrait à exécuter sur la place même
leurs intentions ou leurs ordres. Guillaume

[1] Alors on n'entrait pas dans une église armé ou revêtu
d'une armure.

[2] Ce n'était pas là de la pitié, mais un reste de sentiment
religieux qui les faisait hésiter à répandre le sang, surtout le
sang innocent, dans le lieu saint.

de Tracy leva son épée, et d'un même coup de revers trancha la main du moine saxon appelé Edward Gryn, et blessa Becket à la tête. Un second coup, porté par un autre Normand, le renversa la face contre terre. Un troisième lui fendit le crâne, et fut asséné avec une telle violence, que l'épée se brisa sur le pavé. Un homme d'armes, appelé Mautrait, poussa du pied le cadavre immobile, en disant : — Qu'ainsi meure le traître qui a troublé le royaume et fait insurger les Anglais ! »

Les ennemis de l'archevêque de Cantorbéry ont eux-mêmes vengé sa mémoire. A peine Henri II eut il appris cet assassinat, qu'il s'abandonna à une sorte de désespoir. Pendant trois jours, il s'interdit l'entrée de l'église, ne voulut voir personne, et ne prit qu'un peu de lait d'amandes pour toute nourriture. Il avait sans cesse devant les yeux le sang innocent qui venait d'être versé, et il se reprochait continuellement, les larmes aux yeux, l'imprudence qu'il avait commise en laissant échapper les paroles criminelles qui avaient animé les assassins.

Il accepta, avec la plus parfaite soumission, toutes les œuvres d'expiation et de pénitence que les légats du Saint-Siége lui prescrivirent. Mais il n'en fut pas moins châtié, en ce monde même, comme il arrive presque toujours à ces sortes de crimes. Ses propres enfants et leur mère Éléonore se révoltèrent contre lui. Le feu de la discorde s'alluma de tous côtés dans ses États. Plusieurs princes voisins semblèrent s'accorder en même temps à lui faire la guerre, et il apprit que le roi d'Écosse, d'intelligence avec les mutins d'Angleterre, était sur le point d'envahir son royaume, où il avait déjà pénétré.

Alors, pensant avec raison que ses ennemis n'étaient que les ministres de la justice divine, et qu'il devait principalement s'oc-

cuper à la désarmer, il alla droit à Cantorbéry. Laissant son équipage hors de la ville,
il y entra nu-pieds, vêtu d'une humble
tunique, se rendit en silence à la cathédrale,
et s'alla prosterner devant le tombeau du
saint martyr. Là, sans avoir pris aucune
nourriture, il passa le reste du jour et toute
la nuit en prières, prosterné, sans tapis, sur
le pavé. Son repentir amena le retour de
sa première fortune. Le lendemain même
de la pénitence qu'il venait de faire, le roi
d'Écosse fut repoussé, et, peu de temps
après, la paix se rétablit entre la France et
l'Angleterre. Les projets des ennemis de
Henri furent déconcertés. Sa famille lui
redemanda ses bonnes grâces, aux condi-
tions qu'il lui plairait de prescrire. En trois
mois, il se vit aussi puissant qu'il l'avait jamais été.

Mais, si la vengeance céleste fut désarmée
par la sincérité de l'imprudent Henri, elle ne
cessa de poursuivre les hommes féroces à qui

une vile ambition avait fait commettre le crime. Dans le cours des trois années qui suivirent la mort de saint Thomas, la main de Dieu s'appesantit visiblement sur ses meurtriers. Bourrelés par leurs remods, aussitôt qu'ils eurent commis leur forfait, ils n'osèrent retourner à la cour qu'ils avaient prétendu servir. Ils se retirèrent dans une terre écartée appartenant à l'un d'entre eux. Le déshonneur imprimé sur leur front n'y put être caché, et ils firent horreur aux gens du pays. Les personnes du rang le plus commun ne voulaient ni manger avec eux, ni leur parler. On jetait les restes de leurs repas aux chiens qui, si l'on en croit les auteurs du temps, n'y touchaient pas.

Devenus insupportables à eux-mêmes, ils allèrent se mettre à la merci du Pape, qui leur imposa pour pénitence le pèlerinage de Jérusalem. L'un d'eux, Guillaume de Tracy, fut attaqué à Consenza, en Calabre, d'une horrible maladie, où les chairs lui tombèrent par lambeaux, principalement des pieds et des mains. Il expira dans cet état affreux, témoignant un regret extrême de son crime, et invoquant sans cesse le nouveau martyr. Ses trois complices abordèrent en Palestine ; mais ils y moururent presque aussitôt, dans les mêmes agitations de conscience. On les enterra devant la porte du temple, et on grava cette épitaphe sur leur tombeau.

« Ci-gisent les malheureux qui ont martyrisé le bienheureux Thomas, archevêque de Cantorbéry. »

Et cette histoire pourrait s'appuyer d'un grand nombre de faits semblables. Nous n'en citerons que deux, premièrement le meurtre du saint évêque Albert de Liége, désiré par l'empereur Henri VI, et commis par ses courtisans. Les trois assassins furent égorgés en Hongrie peu après leur crime. Diderich de Hostadt et son frère Lothaire, qui avaient conseillé l'assassinat, périrent vers le même temps, le premier d'un accès de colère en voyant ses domaines dévastés ; le second, dans les tristesses de l'exil. Baudouin de Hainaut avait en quelque façon approuvé le forfait. Il mourut dans l'année. Henri VI tomba empoisonné par sa femme.

L'autre histoire est celle de cinq artistes hollandais, lesquels ont laissé des noms dans les arts. Pierre Van Laar, qu'on a surnommé Bamboche, Rolant et Claes Van-Laar, ses frères, André et Jean Both, un jour de pénitence, à Rome (le mercredi des Cendres), surpris ivres par un bon moine qui leur reprochait de manger du jambon un tel jour, jetèrent le pauvre père dans le Tibre, où il se noya. A la suite de quoi, les cinq artistes, dont l'histoire est écrite partout, périrent tous cinq noyés [1].

Nous pourrions parler aussi de Balacius,

---

[1] On peut lire les détails de ces deux faits dans les légendes qui suivent *le Sanglier des Ardennes et le Ménétrier d'Echternach*, par M. Collin de Plancy. Le *Chanoine de Liége et la dernière Parole du moine*.

préfet de l'empereur Constance, qui fit fla-
geller, pour l'hérésie arienne, les évêques
catholiques, et persécuta cruellement les
moines. Saint Antoine, indigné, lui écrivit,
d'un ton prophétique, qu'il voyait la vengeance divine prête à s'appesantir sur sa
tête sacrilége, s'il ne cessait de poursuivre
les serviteurs de Jésus-Christ L'impie fit
un grand éclat de rire en lisant cette lettre,
la jeta à terre, cracha dessus, et s'adressant
au porteur, il le chargea de dire au saint
que, puisqu'il prenait tant d'intérêt aux
monastères, il allait les visiter lui-même.

Deux ou trois jours après, Balacius étant
à cheval, à côté du vicaire de l'Égypte, les
deux chevaux commencèrent à se jouer ensemble. Tout à coup le cheval du vicaire se
jette sur Balacius, le mord à la cuisse et la
lui déchire. On l'enlève à l'animal furieux,
on le reporte chez lui, et il meurt le troisième jour.

En France, Ebroïn, parvenu par ses intrigues à la dignité de maire du palais, sous Clotaire III, redoutant les censures du pieux et saint évêque d'Autun, Léger, lui fait crever les yeux, arracher la langue, et, après mille outrages, trancher la tête par des scélérats. Puis, lui-même, en 681, meurt assassiné.

Milon qui, un peu plus tard, usurpa le siége épiscopal de Reims sur saint Rigobert, meurt tué par un sanglier, près de Trèves.

Cette matière, avec un peu de recherches, fournirait un gros livre.

VI

NE TOUCHEZ PAS AU PAPE

Nolite tangere Christos meos.

Néron, fameux de tant d'opprobres, fan--geux de tant de souillures, sanglant de tant de crimes, a encore la honte affreuse d'avoir le premier persécuté l'Église. Premier type des persécuteurs, Dieu permit que ce monstre réunît en lui tout ce qui peut se produire de plus odieux dans un cœur humain.

Ce fut lui qui fit mourir saint Pierre et saint Paul, et, par ses ordres, le premier pape suivit sur la croix son divin maître.

On a remarqué que nul n'a touché jamais à l'oint suprême du Seigneur, au pontife souverain, sans en payer la peine. Galba, ayant censuré les désordres de Néron, celui-ci envoya l'ordre de le faire mourir ; mais Galba se fit proclamer empereur, et tout le monde le reconnut. Le Sénat déclara Néron ennemi public, et le condamna à être précipité de la roche du Capitole, après avoir été traîné tout nu publiquement par les rues de Rome, et fouetté jusqu'à la mort. Le tyran prévint son supplice en se poignardant, l'an **68** de Jésus-Christ, dans sa trente-deuxième année.

Le sénat romain jura tellement la perte de son nom, qu'il ordonna de briser ses statues, d'effacer les inscriptions gravées en son honneur, et qu'il rendit des décrets sévères pour imprimer à sa mémoire une flétrissure éternelle.

Dire l'histoire de tous les empereurs

païens qui s'attaquèrent aux Papes, et qui expièrent tous, ce serait faire en quelque sorte l'histoire des persécuteurs, dont nous dirons quelque chose un peu plus loin.

Rappelons seulement quelques faits spéciaux,

Anastase Ier, empereur de Constantinoble, appelé le Silenciaire, parce qu'il était tiré du corps des huissiers chargés de maintenir le silence dans le palais, insulta les députés du pape Symmaque, qui l'excommunia quelque temps après. Il mourut subitement en 518 d'un coup de foudre.

L'empereur Constant, que le peuple détestait comme auteur de la mort du pape saint Martin, en 655, et de celle de plusieurs autres martyrs, fut poursuivi par la multitude avec sa femme et ses enfants. Il se retira en Sicile, où il fut tué par André, fils de Troïle, l'un de ses officiers.

Tout le monde sait l'histoire de Bélisaire. Chargé d'enlever de Rome le saint pape

Silvère, il le relégua dans une île où le saint vieillard mourut de faim. Peu après, tombé du faîte des honneurs, Bélisaire mendiait.

Les philosophes 'qui récemment ont voulu, mais vainement, contester ce grand fait, n'ont cherché en cela qu'à attaquer les mystérieux jugements de Dieu.

L'empereur de Constantinople Justinien II voulut aussi faire enlever de Rome, par Zacharie, son premier écuyer, le pape Sergius, qui refusait de recevoir le concile appelé *in Trullo*, tenu à Constantinople en 692. Zacharie ne put exécuter son odieuse commission, et sans la charitable protection du pape il n'eût pu même sortir de Rome.

Quant a Justinien, peu après, il fut détrôné par son peuple à Constantinople, eut le nez coupé, et fut relégué aux bords du Pont-Euxin. Ses deux ministres les plus odieux furent traînés dans les rues et brûlés vifs ; lui-même, plus tard, pris et décapité, et sa tête envoyée à Rome.

La patrice Crescentius, en 987, chassa de Rome le pape Jean XV, s'empara de l'autorité, et exerça dans la ville des cruautés inouïes. Ses crimes ne demeurèrent pas impunis ; Othon III rétablit le Saint-Siége, prit l'usurpateur, et lui fit trancher la tête.

Lisez l'histoire du grand pape Grégoire VII, même dans l'ouvrage protestant de Voigt, et vous remarquerez comment tous ceux qui se sont élevés contre ce pontife illustre, depuis le plus bas conspirateur jusqu'à l'insolent empereur Henri IV, se sont vus écrasés par la main puissante qui protége l'Église jusqu'à la fin des siècles.

On peut lire, dans l'*Histoire du pape Boniface VIII*, par M. l'abbé Jorry, comment le comte d'Artois, frère du roi Philippe-le-Bel, après avoir horriblement maltraité le Pape de paroles, prit les lettres apostoliques que ce pape envoyait au roi, et, les ayant froissées de sa main droite, les jeta au feu. L'au-

teur raconte que peu après (l'année suivan-
te) , le comte d'Artois mourut dans une
bataille. C'était la bataille de Courtrai. Or,
nous allons extraire des Fastes militaires des
Belges les détails de cette mort.

« Le comte d'Artois avait engagé l'affaire,
mais jusque-là il n'avait pas donné de sa personne. Furieux de la déroute des siens, il
lança son cheval, traversa un ruisseau plein
de corps morts, et se jeta au milieu des Fla-
mands, suivi de toute sa réserve. Dès que le
comte Guy l'aperçut, il vola à sa rencontre,
et le carnage recommença avec une nouvelle
fureur. Une poignée de Gantois et de Bru-
geois, pressés autour de l'étendard de Flandre, renversaient tout ce qui s'opposait à
leurs coups. Le comte d'Artois les enfonça.
Poussant son impétueux coursier jusqu'à
l'étendard de Flandre, il le saisit, et, malgré
les coups de hache et de massue qui pleuvaient
sur lui, il en déchira un lambeau. Mais dans
cette lutte il perdit un étrier. Il n'en continuait

pas moins à se défendre vaillamment, lorsque Guillaume Saeftingen, qui portait une massue à deux mains, lui en allongea un coup si violent, qu'il le renversa par terre, lui et son cheval. Assailli alors de toutes parts, il s'écria qu'il était le comte d'Artois, et demanda s'il n'y avait pas là un gentilhomme à qui il pût rendre son épée. On lui répondit en flamand qu'on ne le comprenait pas, et qu'on ne faisait pas de prisonniers ; et on l'acheva.

» Un boucher de Bruges, qui déjà d'un seul coup lui avait abattu le bras droit, lui coupa la langue, qui lui sortait de la bouche, et emporta ce hideux trophée. »

Philippe-le-Bel, qui avait pris part aux emportements de son frère, mourut d'une chute de cheval (1314).

L'histoire des antipapes fournirait aussi bien des exemples. En 767, le duc Toton fit asseoir à main armée, sur la chaire de saint Pierre, son frère Constantin-Tibère. C'était un simple laïque. Georges, évêque de Préneste, que la peur avait déterminé, le tonsura et le sacra pape, Il fut saisi quelques jours après d'une maladie qui lui ôta le mouvement de ses membres. Sa main droite était tellement retirée, qu'il ne pouvait plus la porter à sa bouche. Il mourut ainsi, triste, tremblant et désolé.

Au bout d'un an et un mois, l'antipape chassé se cacha. Le peuple de Rome le découvrit, lui creva les yeux, l'exposa à la dérision publique et le relégua dans un monastère.

L'antipape Boniface VII enferma, en 984, le pape Jean XIV au château Saint-Ange, où il le fit mourir de faim. Il se plaça sur son siége le 20 août de la même année ; mais il mourut subitement au mois de décembre suivant. Objet de l'exécration publique, il fut ignominieusement traité ; on perça son cadavre de coups de lance, on le traîna par les pieds dans les rues, et on le laissa nu dans la place publique.

Il serait long aussi de citer les souverains qui ont outragé les papes, jamais impunément. Louis XIV ne fit que décliner après ses résistances de 1685. Joseph II n'amena pas de grandes prospérités dans ses États par les tracasseries misérables qu'il suscita à Pie VI. Napoléon, si glorieux jusqu'en 1809, n'eut que des revers à la suite de ses luttes funestes avec le Saint-Siége. Il s'empara des domaines de Pie VII, qui n'avait pas voulu, ne le pouvant, sanctionner son divorce. Le Pape l'ayant excommunié, il l'enleva de ses États, qui sont la patrie universelle et sacrée du monde catholique, et le retint à Fontainebleau. Trois ans après, de chute en chute, le grand empereur, dans le même château de Fontainebleau, se dépouillait de l'empire et se livrait prisonnier à son tour. Le Pape, qu'il avait détrôné régna vingt-cinq ans, pendant que lui s'en allait mourir à Sainte-Hélène, et que l'humble vicaire de Notre-Dame qui avait osé fulminer la bulle d'excommunication lancée contre l'ennemi du saint pontife romain, s'élevait au siége archiépiscopal de Toulouse.

Nolite tangere Christos meos.

Attendez un peu ; vous verrez ce que deviendront ceux qui se sont posés les persécuteurs de Pie IX.

Nous devrions ici consacrer un chapitre à ces pieux, savants et généreux prêtres, qui sont le plus ferme et le plus constant soutien du Saint-Siége ; à ces envoyés de Dieu, que les catholiques considèrent comme l'avant garde de la sainte milice, — les Jésuites.

Partout où les Jésuites ont été en faveur, la prospérité a régné ; — Les ténèbres et le désordre ont paru aux lieux où l'esprit du mal les a repoussés.

Leurs calomniateurs et leur ennemis (individus ou sociétés, princes ou nations) n'ont jamais échappé au châtiment. Pascal n'est pas le seul qui soit devenu fou, pour leur avoir été hostile, et le Portugal n'est pas la seule nation qui soit descendue après les avoir opprimés.

Aucune puissance ne les a rejetés impunément ; aucune, nulle part, jamais ; — aucun homme ne les a gratuitement outragés, aucun ; — et ceux qui voudront étudier ce point d'histoire reconnaîtront toujours que la main de Dieu a pesé ou pèse aujourd'hui sur leurs adversaires.

VII

CE QUE C'EST QU'UN PRÊTRE

EXTRAIT D'UN LIVRE INTITULÉ HISTOIRES ÉDIFIANTES

> N'oubliez pas que le pardon
> Est une vertu surhumaine ;
> Du ciel lui-même c'est un don.
> COUTURIER.

A la porte principale d'une église de Paris, on remarquait naguère un vieillard mendiant, fidèle à reprendre tous les jours sa place au seuil de l'enceinte sacrée. Ses manières, son ton, son langage, révélaient une éducation bien supérieure à celle qui ordinairement accompagne la misère. Sous ses haillons, portés avec une certaine dignité, brillait un souvenir encore vivant d'un état plus relevé. Aussi, parmi les pauvres habi-

tués de la paroisse, au milieu de cette clien-
telle délaissée par les populations, que chaque église abrite sous ses ailes, ce mendiant
jouissait d'une grande autorité. Jacques était
son nom. Sa bonté, son impartialité dans le
partage des aumônes, seule bienfaisance du
pauvre envers le pauvre, son zèle à apaiser
les querelles, lui avaient acquis une considération méritée. Cependant pour ses camarades les plus intimes, comme pour les personnes attachées à la paroisse, sa vie et ses
malheurs étaient un mystère. Chaque matin,
depuis vingt-cinq ans, il venait régulière-
ment s'asseoir à la même place : on était si
accoutumé à le voir, qu'il faisait, en quelque
sorte, partie de l'ornement du portail,
comme les statuettes de pierre nichées dans
l'encadrement gothique ; et aucun des camarades du mendiant ne pouvait raconter la
moindre particularité de sa vie. Une seule
chose était connue : Jacques ne mettait jamais le pied dans l'église ; et il était catholi-

que. Au moment des cérémonies religieuses, alors que les chants pieux faisaient retentir le dôme sacré ; que l'encens, montant au dessus de l'autel, s'élevait avec les vœux des fidèles vers le ciel ; que la voix grave et mélodieuse de l'orgue soutenait le chœur solennel des chrétiens, le mendiant se sentait entraîné à confondre ses prières avec celles de l'église : d'un œil empressé et satisfait, il contemplait, du dehors, le tableau que présentait la demeure de Dieu. Le reflet étincelant de la lumière à travers les vitraux gothiques, l'ombre des piliers posés depuis des siècles, comme un symbole de l'éternité de la religion, le charme profond attaché à l'aspect sombre et recueilli de l'église : tout frappait le mendiant d'une admiration involontaire. On surprenait quelquefois des larmes couler sur son visage ridé. Un grand malheur, ou un profond remords, semblait alors agiter son âme. Au premier temps de l'Eglise, ont l'eût pris pour un grand criminel, condamné à s'exiler de l'assemblée des fidèles, et à passer, ombre silencieuse, au milieu des vivants.

Un ecclésiastique se rendait tous les jours à cette église pour célébrer la messe. Issu d'une des plus anciennes familles de France, possesseur d'une immense fortune, il trouvait sa joie à faire d'abondantes aumônes. Le vieillard mendiant était devenu pour lui l'objet d'une sorte d'affection, et chaque matin l'abbé Paulin de C... accompagnait de paroles bienveillantes l'aumône devenue une rente quotidienne.

Un jour Jacques ne parut pas à l'heure accoutumée ; l'abbé Paulin, jaloux de ne pas perdre son aumône, cherche la demeure du mendiant, et trouve le vieillard étendu malade sur un grabat. Les regards de l'ecclésiastique furent frappés du luxe et de la misère qui éclataient dans l'ameublement de ce réduit. Une magnifique montre en or était suspendue au-dessus du misérable chevet ; deux

tableaux richement encadrés, recouverts
d'un crêpe, se détachaient sur les murs blan-
chis à la chaux ; un Christ en ivoire, d'un
beau travail, était aux pieds du malade ; sur
une chaise antique, aux découpures gothiques, et parmi quelques livres usés, gisait un
missel avec des agrafes en argent : tout le
reste du mobilier annonçait un affreux dé-
nûment.

La présence du prêtre ranima le vieillard,
et avec un accent plein de reconnaissance,
il s'écria : — Monsieur l'abbé, vous dai-
gnez donc vous souvenir d'un malheureux ?

— Mon ami, répond, M. Paulin, un prêtre
n'oublie que les gens heureux. Je venais sa-
voir si vous aviez besoin de quelques secours.

— Je n'ai plus besoin de rien, répond le
mendiant ; ma mort est prochaine : ma conscience seule n'est pas tranquille !

— Votre conscience ? Auriez-vous une
grande faute à expier ?

— Un crime, un crime énorme, un crime pour lequel toute ma vie a été une cruelle et inutile expiation ! un crime sans pardon !

— Un crime sans pardon ! il n'en existe pas : la miséricorde divine est plus haute que tous les forfaits de l'homme.

— Mais un criminel souillé du plus horrible forfait, qu'a-t-il à espérer ? Le pardon, il n'en est plus pour moi !

— Il en est un, s'écrie le prêtre, saisi d'un vif enthousiasme ; le doute serait un blasphème plus horrible que vos crimes mêmes.

La religion tend les bras au repentir. Jacques, si votre repentir est sincère, implorez la bonté divine : elle ne vous abandonnera pas. Faites votre confession.

Aussitôt le prêtre se découvre ; et, après avoir prononcé les paroles sublimes qui ouvrent au pénitent les portes du ciel, il écoute le mendiant :

« Fils d'un pauvre fermier, honoré de l'affection d'une famille de haute noblesse dont mon père cultivait une petite terre, je fus accueilli dès mon enfance au château de mes maîtres. Destiné à être valet de chambre du fils de la famille, l'éducation qu'on me donna, mes progrès rapides dans l'étude, et la bienveillance de mes maîtres, changèrent mon état : je fus élevé au rang de secrétaire.

» Ma vingt-cinquième année avait sonné au moment où la révolution éclata ; mon ambition se fatigua de ma position précaire. Je conçus le projet d'abandonner pour les camps le château, asile de ma jeunesse. Si j'avais suivi ce premier mouvement, l'ingratitude ne m'eût pas poussé au crime ! La fureur des révolutionnaires déborda bientôt en province : redoutant d'être arrêtés dans leur château, mes maîtres congédièrent leurs domestiques. Quelques capitaux furent réalisés à la hâte, et, n'emportant de leur riche mobilier que des objets précieux par les souvenirs de famille, ils accoururent à Paris, cherchant un asile dans la foule, et le repos dans l'obscurité de leur domicile. Enfant de la maison, je les suivis. La terreur régnait dans toute sa puissance, et personne n'avait le secret de la retraite de mes maîtres. Inscrits sur la liste des émigrés, la confiscation avait bientôt dévoré leurs biens : mais peu leur importait! Ils étaient tous réunis, tranquilles, inconnus. Animés d'une foi vive dans la Providence, ils attendaient un ciel plus clément. Vaine espérance ! La seule personne en position de révéler leur demeure et de les arracher à leur asile eut la lâcheté de les dénoncer. Ce dénonciateur, c'est moi.

Le père, la mère, quatre filles, anges parés de leur beauté et de leur innocence, un jeune enfant de dix ans, furent jetés ensemble dans un cachot et livrés aux horreurs de la captivité. Leur procès fut instruit. Les prétextes les plus futiles suffisaient alors pour envoyer l'innocent à la mort. Cependant, l'accusateur public avait peine à trouver un motif de poursuite contre cette noble et belle famille : un homme se rencontra, initié aux confidences du foyer domestique, dépositaire des pensées les plus intimes de la maison ; il incrimina les circonstances les plus simples de leur vie, et inventa le crime frivole de conspiration. Ce calomniateur, ce faux témoin, c'est moi.

L'arrêt fatal fut prononcé. La sentence de mort pesa sur toute la famille ; le jeune fils fut seul épargné. Malheureux orphelin, destiné à pleurer toute sa famille et à maudire leur assassin, s'il l'avait jamais connu !

Résignée et se consolant par ses vertus, cette famille infortunée attendait la mort dans les prisons. Un oubli se glissa dans l'ordre des exécutions. Le jour marqué pour elle fut dépassé ; et, si personne n'avait été intéressé a se saisir de ces innocents comme d'une proie, leur vie échappait à l'échafaud : on était à la veille du 9 thermidor. Un homme impatient de s'enrichir de quelques dépouilles se rendit au tribunal révolutionnaire, fit rectifier cette erreur ; son zèle fut décoré d'un diplôme de civisme. L'ordre d'exécution fut délivré sur-le-champ, et le soir même la justice affreuse de ces temps suivit son cours. Ce révélateur empressé, c'est moi.

Au déclin du jour, à la clarté des flambeaux, la charrette fatale traîna à la mort cette noble famille. Le père, le front chargé d'une douleur profonde , cachait dans ses bras ses deux plus jeunes filles ; la mère, femme forte et chrétienne, pressait sur sa poitrine ses deux filles aînées ; et tous, confondant leurs souvenirs, leurs espérances, répétaient les prières des morts. Jamais le nom de leur assassin ne sortit de leur bouche. Comme il était tard, l'exécuteur des hautes-œuvres, las de son travail, avait confié à un valet cette tardive exécution. Peu accoutumé à l'horrible manœuvre, le valet, en cheminant , implora l'assistance d'un passant. Un homme de bonne volonté

se prêta à l'aider dans son ignoble ministère. Ce passant, c'est moi.

Le prix de tant de crimes fut une somme
de trois mille francs en or, et les objets précieux déposés encore ici autour de moi,
témoins irrécusables de mon forfait.

Après ce crime, je voulus m'étourdir
dans la débauche ; l'or, fruit de mon infâme
conduite, fut à peine dépensé, que le remords s'empara de moi. Nul projet, nulle
entreprise, nul travail, ne furent couronnés
de succès. Je devins pauvre et infirme. La
charité me dota d'une place privilégiée à la
porte de l'église où j'ai passé tant d'années !
Le souvenir de mon crime était si vif, si
poignant, que, désespérant de la bonté
divine, jamais je n'osai implorer les consolations de la religion, ni entrer dans l'é-
glise. Les aumônes, les vôtres surtout, monsieur l'abbé, m'aidèrent à économiser la
somme volée à mes anciens maîtres : la
voilà. Les objets de luxe que vous remar-

quez dans ma chambre, cette montre, ce Christ, ce livre, ces portraits voilés étaient le mobilier enlevé à mes victimes ! Oh ! qu'il a été long et profond mon repentir ! mais qu'il a été impuissant ! Monsieur l'abbé, croyez-vous que je puisse espérer le pardon de Dieu ?

Mon fils, répond l'abbé, votre crime est sans doute épouvantable : les circons - tances en sont atroces. Les orphelins privés de leurs parents par la révolution comprennent mieux que personne de quelle douleur furent abreuvées vos victimes ! une vie entière, passée dans les larmes, n'est pas trop pour l'expiation d'un tel forfait. Cependant les trésors de la miséricorde divine sont immenses. Grâce à votre repentir, plein de confiance dans l'inépuisable bonté de Dieu, je crois pouvoir vous assurer votre pardon.

Dès lors le prêtre se lève. Le mendiant, comme animé d'une vie nouvelle, descend de son lit, et se mettant à genoux, lui fait l'aveu de toutes ses fautes. Monsieur l'abbé Paulin de Saint-C*** allait prononcer les paroles puissantes qui lient ou délient les fautes de l'homme, lorsque le mendiant s'écrie : Mon père, attendez, avant de recevoir mon pardon, que je me débarrasse du fruit de mon crime ; prenez ces objets, vendez-les, distribuez le prix aux pauvres. Dans ses mouvements précipités, le mendiant arrache le crêpe qui couvrait les deux portraits. Voilà, dit-il, voilà l'image auguste de mes maîtres.

A cette vue, l'abbé Paulin C... laisse échapper ces mots : Mon père! ma mère!

Aussitôt le souvenir de cette horrible catastrophe, la présence de l'assassin, la vue de ces objets empreints d'un charme déchirant, saisissent l'âme du prêtre, et, cédant à une défaillance involontaire, il se laisse tomber sur une chaise. La tête appuyée dans ses mains, il verse des larmes abondantes ; une blessure profonde venait encore saigner dans son cœur.

Le mendiant attéré, n'osant lever ses regards sur le fils de ses maîtres, sur le juge terrible et irrité qui lui devait sa colère plutôt que le pardon, se roulait à ses pieds, les arrosait de pleurs, et répétait d'une voix désespérée : — Mon maître ! mon maître !

Le prêtre s'efforçait, sans le regarder, de comprimer sa douleur.

Le mendiant s'écrie : — Oui je suis un assassin, un monstre, un infâme ! Monsieur l'abbé, disposez de ma vie : que dois-je faire pour vous venger ?

— Me venger, répond le prêtre, rendu à lui-même par ces paroles, me venger !...

— N'avais-je donc pas raison de dire que mon crime était au dessus du pardon ! Je le savais bien que la religion elle-même me repousserait. Le repentir n'est rien pour un criminel de mon espèce : plus de pardon, n'est-ce pas ? plus de pardon !

Ces dernières paroles, prononcées avec un accent terrible, rappellent dans l'âme de l'ecclésiastique sa mission et ses devoirs. La lutte entre la douleur filiale et l'exercice du pouvoir sacré cesse aussitôt. La faiblesse humaine avait réclamé un instant les larmes du fils attristé ; la religion relève l'âme forte du prêtre. L'ecclésiastique se saisit du Christ, héritage paternel, tombé aux mains de ce malheureux, et le présentant au mendiant, il dit d'une voix émue :

Mon ami,... votre repentir est-il sincère?

— Oui, mon père.

— Votre crime est-il l'objet d'une horreur profonde ?

— Oui, mille fois oui.

— Et bien! s'il en est ainsi, Dieu immolé sur cette croix pour les hommes vous accorde votre pardon ; achevez votre confession.

Alors le prêtre, une main levée sur le mendiant, tenant dans l'autre le signe de notre rédemption, fait descendre la clémence divine sur l'assassin de toute sa famille.

La face tournée contre terre, le mendiant demeurait immobile aux pieds de l'ecclésiastique.

Celui-ci lui tend la main, pour le relever:
— il n'était plus !

VIII

LE CURÉ SIMON

Le *Corsaire* a publié sur le vénérable curé des Herbiers une intéressante notice que nous lui empruntons ici :

« Le curé Simon est un de ces hommes sans ambition qui, avec un grand mérite, demeurent ignorés, excepté dans leur province, où le souvenir de leurs bonnes œuvres vit dans le cœur des honnêtes gens. Le curé Simon n'est pas riche ; mais, quand les aumônes ont épuisé ses faibles ressources, il a d'heureuses inspirations qui viennent en aide à sa charité. Un honnête négociant de Tours était sur le point de faire faillite, lorsque l'idée lui vint de parler au curé Simon de sa position désespérée. Il déclara qu'il ne pouvait plus reculer sa ruine et que cependant trente mille francs suffiraient pour le sauver. Mais trente mille francs, c'est une assez forte somme, répondit le pasteur, et je n'en ai pas la trentième partie : ne désespérez pas cependant; comme vous êtes un honnête chrétien, comptez sur le bon Dieu.

Le lendemain, le curé Simon écrivit à toutes les autorités de Tours pour les inviter à dîner. Chacun fut bien étonné de cette invitation, car on savait que le bon prêtre n'avait jamais donné un pareil festin. On se rendit donc au rendez-vous avec une vive curiosité. Le curé Simon avait pour tous mets une soupe aux choux colossale et une énorme salade.

Après avoir remercié ses convives de l'honneur qu'ils voulaient bien lui faire, il exposa simplement la position du négociant de Tours, prit une toque, y versa vingt-cinq louis et engagea chacun à en faire autant. Grand fut l'étonnement. Quelques-uns ne voulurent pas se montrer moins généreux que M. le curé et y vidèrent leur bourse ; quelques autres s'excusèrent de ne pouvoir les imiter, disant que, ne s'attendant pas à concourir à une bonne œuvre, ils étaient venus les poches vides ; mais ils n'échappèrent pas pour cela au bienfaisant curé, qui les pria de dire le chiffre de l'offrande qu'ils désiraient faire, ajoutant qu'il tenait leur parole pour argent comptant. Il fallut s'exécuter.

Le curé Simon réunit à peu près les deux tiers de la somme nécessaire. Onze mille francs manquaient encore. Le curé ne se décourage pas et va chez un ami nommé Clément, qui, déjà instruit de ce qui venait de se passer, se doute dès les premiers mots du but de cette visite. — Gageons, s'écriet-il, que vous venez me mettre en tiers dans une bonne œuvre.

— C'est vrai. — Et pour combien? — Oh! c'est une grosse affaire, il s'agit de me prêter onze mille francs. — Je les ai heureusement, mais vous me permettrez de verser mille francs pour ma part, ce sera dix mille francs que vous me devrez. — Et M. Clément compta les onze mille francs au pasteur; refusant de prendre un billet pour garantie et lui disant que la parole d'un honnête homme lui suffisait. Voilà l'emploi que l'Église fait aujourd'hui de son argent. Que les rédacteurs du *Siècle* lisent ce récit véridique, et les revenus du clergé ne leur paraîtront peut-être pas exorbitants.

Voici un autre trait du curé Simon, qui rappelle saint Vincent de Paul. Un jour deux filles perdues se présentent sur son chemin dans un état effrayant de misère et d'abjection. Leur aspect le frappe. Poussé par un désir irrésistible de sauver ces malheureuses, il s'approche d'elles, il les engage d'une voix qui commande le respect à revenir au bien, et il leur donne tout l'argent qu'il a sur lui pour qu'elles puissent se vêtir décemment. Ces deux jeunes filles tombent aux genoux du prêtre, comme si elles obéissaient à une puissance surnaturelle, et quelque temps après l'une d'elles se faisait Sœur de Charité.

(Alfred de MEILHEURAT.)

IX

LE SERMENT CONSTITUTIONNEL

Sortons des anecdotes généra'es, pour rentrer dans les anecdotes spéciales.

Si la nouvelle république française a supprimé le serment, son aînée en faisait grand usage. Elle avait, entre autres, imposé aux prêtres un serment de haine, qu'ils ne pouvaient faire sans renier leur divin maître. Cette iniquité exorbitante augmenta de beaucoup les exécutions à jamais condamnées des jours de la terreur. Un prêtre qui prêtait le serment devenait indigne ; celui qui le refusait devait s'expatrier, s'il le pouvait, ou mourir.

Or, le bon M. Pinnerot, curé de Chalanges, au diocèse de Séez, s'en allait au Havre pour s'embarquer avec son neveu : il était accompagné de M. Loiseau, vicaire de Saint-Paterne, au diocèse du Mans, et de M. Lelièvre, prêtre de Saint-Pierre-de-Montsort d'Alençon.

On ne voyageait pas en sécurité, à cette époque où la liberté ayait son nom écrit sur toutes les murailles. Au Havre, on les arrêta en leur demandant leurs passeports, qui témoignaient qu'ils étaient prêtres. Grand crime alors, dans la France devenue insensée. Le peuple, qui devait tant aux prêtres et si peu à leurs ennemis, s'était presque partout machinalement rangé sous les bannières des démolisseurs, parce qu'il y ayait là tout à fait la liberté de mal faire, de mal dire, de mal penser, et que l'homme, dès qu'il se sépare de Dieu, semble toujours tenté de tomber à quatre pattes.

On arrêta donc ces pauvres prêtres. On leur demanda le serment. — Hélas ! répondirent-ils, c'est pour ne pas le faire, ce serment impie à nos yeux, que nous obéissons à la loi qui condamne ceux qui le refusent à la déportation.

M. l'abbé Pinnerot et son neveu, qui marchaient en avant, avaient fait cette réponse sincère. Une cohue de populace s'écria : — Ce sont des prêtres réfractaires ! — Et elle commença par les assommer.

Pendant qu'ils expiraient sous les coups. MM. Loiseau et Lelièvre, les deux autres, étaient traînés au bord de la rivière. Là, en leur montrant l'abîme, on les somme pareillement de prêter le serment. Ils répondent, comme les deux premiers martyrs : — Notre conscience ne nous le permet pas. — On les jette dans la rivière. Ils reviennent sur l'eau. Quelques-unes de ces lâches bonnes âmes, qui s'approuvent pas le crime, mais qui n'ont pas le cœur de lui faire face, et qui laissent aller le mal (dont ils auront à rendre compte) s'apitoient sur leur sort et leur crient ; — Jurez donc, malheureux, et on va vous retirer !

Du milieu des flots, à demi noyés, les dignes prêtres (ceux-là du moins avaient du cœur) répondent : — Nous ne le pouvons pas.

On les replonge, on les retire au milieu des hurlements de mort des tueurs intrépides ; et des cris plus pénibles peut-être des autres : — Jurez donc, malheureux ! — A la vue de leur constance invincible, un dépit furieux s'empare des assassins ; ils s'arment de fourches, les appliquent au cou des confesseurs, les plongent sous les flots, et les y retiennent jusqu'à ce qu'ils aient expiré.

Cherchez à présent, sur les lieux mêmes, ce que sont devenus les bourreaux exécrables de ces serviteurs de Dieu. On vous le dira. Car toute histoire locale a ses traces ; et, si on recueillait les suites de tels faits, on y verrait l'effrayante manifestation du gouvernement temporel de la Providence.

L'un des bandits fut tué d'un coup de fourche accidentel que lui donna son fils en déchargeant du foin ; un autre se noya au lieu même où il avait fait le meurtre. Un autre mourut au bagne. Un autre fut assommé sur un navire. C'est ainsi que plusieurs des tricoteuses de Robespierre, qui fouettèrent un jour si lâchement, si honteusement, en pleine rue, de pauvres saintes religieuses, moururent quelque temps après, d'une maladie qui leur avait pourri toute la partie inférieure du corps.

Un assommeur de prêtres qui n'ait pas encore payé sa dette, vous ne le trouverez pas, à moins que le crime ne soit tout récent. Mais patience....

Quelques autres détails à propos du serment imposé aux prêtres.

M. l'abbé Novi, pieux et honnête vicaire d'Anjac, âgé de vingt-huit ans, ayant été conduit sur la place publique de la triste petite ville des Vans, dans le bas Languedoc, obscure bourgade où l'on venait pourtant d'exécuter huit prêtres non assermentés, les assassins font appeler son père, et lui disent, devant les huit cadavres étendus, que le sort de son fils dépend de ses conseils et de son autorité sur lui ; que ce fils mourra comme les autres, s'il persiste à refuser le serment ; qu'il vivra, si son père vient à bout de le faire jurer. Ce père infortuné, hésitant entre la nature et la religion, ne sait que dire. Dans sa détresse, il se jette au cou de son fils ; répandant plus de larmes et poussant plus de sanglots qu'il ne pouvait prononcer de paroles : — Mon cher fils, dit-il enfin, n'y a-t-il aucun moyen de me conserver la vie en sauvant la vôtre ?

— Aucun, mon père, dit le jeune prêtre. Mais je ferai mieux que vivre, je mourrai di-

gne de mon Dieu et digne de vous qui m'a-
vez élevé dans la sainte religion catholique.
J'ai le bonheur d'en être prêtre, je vous con-
nais, mon père; il sera plus doux pour vous
d'avoir un fils martyr, qu'un enfant apostat.

Le père, hors de lui, embrasse encore son
cher fils et l'arrose encore de ses larmes, sans
rien ajouter. Les bourreaux le lui arrachent;
il le voit tendre le cou, ses cris ont ralenti,
détourné à demi la hache des assassins. Deux
coups mal assurés l'ont à peine étendu par
terre, que les brigands semblent presque vou-
loir le laisser. Son bréviaire lui était échappé, il le reprend tranquillement, présente sa
tête une troisième fois, et reçoit d'un nouveau coup de hache la consommation et la
couronne du martyre.

Nous dirons des meurtriers ce que nous
avons dit déjà : Allez sur les lieux demander
à ceux qui leur survivent comment ils sont
morts ! Nous ajouterons que les auteurs aussi du décret qui imposait aux prêtres un

serment odieux portèrent leurs têtes sur l'échafaud.

Nous en reparlerons.

Passons donc une revue rapide des persécuteurs anciens, avant de réveiller devant vous les modernes.

X

PERSÉCUTEURS DES TEMPS ANCIENS

———

Avant l'ère chrétienne, les souverains pontifes des Juifs étaient les saints du Seigneur, et c'est pour eux aussi que l'Esprit-Saint avait dit : *Nolite tangere Christos meos.*

Sous le pontificat d'Onias III, dont les livres saints font un si bel éloge, il y eut des ambitieux qui cherchèrent à lui ravir sa dignité à prix d'argent. Son propre frère Jason, pour l'obtenir, avait promis trois cent soixante talents d'argent au roi de Syrie, dont les Juifs alors étaient tributaires. Y étant parvenu, il travailla sur-le-champ à introduire dans le peuple de Dieu les mœurs et les coutumes des Gentils. Il envoya le juif Ménélaüs, porter au roi l'argent convenu. Ce Ménélaüs en ajoutant trois cents autres talents à la somme qu'il portait, eut l'adresse de se faire donner, à lui-même, le souverain sacerdoce. Il était appuyé par Andronic, gouverneur de la province d'Antioche, à qui il avait remis quelques vases d'or dérobés dans le Temple. Il en avait vendu d'autres pour faire sa somme. Le grand-prêtre Onias, réfugié à Antioche, l'ayant repris avec gravité de son ambition sacrilége, Ménélaüs alla prier Andronic, moyennant un nouveau présent, de faire périr Onias. Celui-ci voulut gagner lui-même le prix du sang ; il se rendit auprès du vieillard, qui ne se défiait pas de lui, et l'assassina.

Non seulement les Juifs, mais les Gentils furent indignés de la mort d'un homme si vénérable. Le roi Antiochus-l'Illustre en versa ses larmes ; et, dans sa juste colère, il fit dépouiller Andronic de la pourpre dont il l'avait revêtu, commanda qu'on le traînât honteusement par la ville, et qu'il fût mis à mort au lieu même où il avait osé porter une main impie sur Onias.

Quant à Ménélaüs, la cause du forfait, Antiochus ordonna qu'il fût précipité, selon la coutume des Perses, du haut d'une tour, dans un immense monceau de cendres ; ce qui fut fait.

Si nous entrons dans l'ère moderne, où déjà nous avons vu Néron et quelques autres, nous rencontrons d'abord Hérode-Agrippa, petit-fils de cet Hérode que l'on a osé surnommer le Grand. C'est lui qui fit mourir par le glaive Jacques, frère de Jean l'Evangéliste. Voyant que la persécution contre les enfants du Christ le rendait agréable aux Juifs, il fit aussi arrêter saint Pierre, et le mit en prison. Il se proposait de le faire mourir devant le peuple, après la fête de Pâques ; mais on sait qu'un ange du Seigneur le délivra. Hérode ne l'ayant plus trouvé, fit donner la question aux gardes de la prison, et les envoya ensuite au supplice. Après cela, il s'en alla à Césarée, où il devait traiter avec les Tyriens et les Sidoniens. Pendant qu'il les haranguait, assis sur son trône, revêtu de la robe royale, ses flatteurs, s'écriaient : « C'est la voix d'un Dieu, et non d'un homme. » A l'instant même, il fut frappé d'une maladie mystérieuse , dont il mourut peu après , rongé par les vers.

L'empereur Adrien, qui livra aux supplices et à la mort tant de ministres du Seigneur , fut attaqué d'une hydropisie à son palais de Tibur. Les remèdes ne lui procurant aucun soulagement , il tomba dans le désespoir ; il demanda du poison ou une épée pour terminer sa vie, promettant l'impunité et des récompenses à ceux qui voudraient lui rendre ce service. Son médecin se tua d'épouvante. L'esclave Master, remarquable par sa force, se détermina, devant les menaces mêlées de promesses, à tuer l'empereur. Mais quand il fallut en venir à l'exécution, il fut saisi d'une si grande frayeur, qu'il prit la fuite. Adrien, furieux, se mit à manger et à boire les choses les plus contraires à sa maladie, et il expira en maudissant la médecine.

Commode, un autre infâme persécuteur, reçut de Martia, sa concubine, un breuvage empoisonné. Il s'assoupit, se réveilla et vomit. Comme on craignit qu'il ne rejetât le poison, on l'étrangla. Il avait trente-un ans.

Tertullien cite quelques châtiments du Ciel contre les persécuteurs, entre autres ceux d'Herminien et de Saturnin. Herminien, gouverneur de Cappadoce, irrité de la conversion de sa femme, avait traité cruellement les chrétiens ; il fut tué seul par la peste qui le vint trouver dans son palais. Saturnin gouverneur d'Afrique, celui qui tourmenta les martyrs scillitains, perdit la vue et mourut aveugle.

Septime Sévère, le chef de la cinquième persécution, s'en alla réprimer les révoltes de la Grande-Bretagne. Un jour de marché, son fils aîné Caracalla, qui le suivait à cheval, essaya de le tuer d'un coup d'épée. Peu de temps après, il se fit proclamer empereur par les légions. Aurélius Victor rapporte que Septime désolé, après avoir, comme Adrien, demandé vainement du poison, mangea exprès si avidement des mets indigestes, qu'il en mourut à York, l'an 211.

L'empereur Jules Maximin, autre persécuteur, fut tué pas ses soldats avec son fils, devant la ville d'Aquilée.

Décius, dont on connaît les fureurs contre l'Église chrétienne, alla faire la guerre chez les Daces. Enveloppé par les barbares, il fut tué avec une grande partie de son armée, et ne jouit pas même des honneurs du tombeau. Son corps abandonné fut dévoré par les bêtes de proie.

L'empereur Valérien, sous le règne duquel tant de sang chrétien fut répandu, se vit bientôt pris par les Perses. Non seulement il perdit l'empire, mais encore la liberté. Il passa le reste de sa vie dans une honteuse servitude. Toutes les fois que le roi Sapor voulait monter à cheval ou dans son char, il commandait à Valérien de se courber, et il mettait le pied sur son dos.

Ce qui dut combler ses maux, c'est que son fils était empereur à sa place, et qu'il ne s'occupa jamais de le délivrer. Il finit sa vie au milieu d'un tel opprobre, et, après sa mort, les Perses lui ôtèrent la peau, la peignirent en rouge, et la pendirent dans leurs temples, comme un monument de leurs victoires.

Maximien-Hercule, qui fit massacrer des légions entières de chrétiens, fut réduit en 310 à s'étrangler lui-même.

Galère, son imitateur, vit son corps tomber en pourriture, et ne mourut qu'au bout d'une année de souffrances effroyables.

Maxence, autre bandit de même sorte, mourut noyé, et Maximin Daïa expira enragé.

Dioclétien subit un autre genre de supplice. Lui, qui avait voulu anéantir la religion chrétienne, et qui s'était fait de ce projet une idée fixe, réduit à abdiquer, fut condamné à voir, sous Constantin, l'éclatant triomphe de la croix. Il se laissa mourir de faim à Salone, l'an 313 de Jésus-Christ.

On sait comment périt Julien-l'Apostat, qui s'était appliqué avec tant d'ardeur à rétablir le paganisme, et à détruire aussi la religion chrétienne. Les ruses et les perfidies furent mises en œuvres par lui avec une habileté diabolique. Il interdit aux chrétiens l'étude des sciences, les priva des emplois, des honneurs et des secours publics, protégea contre eux les héritiques et les païens.

Sa philosophique hypocrisie déguisait la persécution sous mille formes. Il ne voulait point passer pour persécuteur, ni donner d'abord aux chrétiens la gloire du martyre. Il y vint, cependant, et sous son règne le sang des témoins du Seigneur ne tarda pas à couler. Il part pour la guerre de Perse, en promettant d'anéantir tout à fait le christianisme à son retour. Il livre bientôt un combat, est percé d'une flèche venue on ne sait d'où (les hommes de foi le savent bien) , et il expire , en s'écriant : « Tu as vaincu , Galiléen. » — C'est le nom qu'il donnait au Fils de Dieu.

Quatre à cinq mois avant sa mort, le comte Julien, son oncle, avait été chargé par lui, avec le comte Félix, son grand-trésorier, de fermer l'église d'Antioche, d'en enlever les vases sacrés, dons magnifiques des empereurs Constantin et Constance, et de les porter à son trésor. Pour montrer qu'il n'y avait point de providence qui prît soin des chrétiens, le comte Julien jeta ces vases sacrés à terre, s'assit dessus, et profana la sainte Table par des horreurs. Il fit ensuite mourir les confesseurs de la foi, Théodose, Eugène et Macaire, prêtres d'Antioche, et avec eux un grand nombre de chrétiens, qu'il précipita dans l'Oronte. Le châtiment céleste suivit de près ces crimes. Frappé d'une maladie affreuse, qui lui corrompit les entrailles, il se vit rongé des vers, qui attaquaient les chairs malades et les chairs vives. Il expira ainsi, avant son neveu l'apostat. Le grand-trésorier Félix venait de le précéder au tribunal de Dieu.

L'évêque Héron et le prêtre Théotème, qui avaient apostasié à l'instigation de ces deux misérables, périrent en même temps qu'eux. Le premier tomba au milieu de la rue tout à coup, et la puanteur qu'il exhala fit fuir tout le monde ; le second, devenu aveugle, fut, comme le comte Julien, mangé des vers.

Maxime-le-Sophiste, qui avait été le maître de Julien-l'Apostat, fut mis à mort, par ordre de l'empereur Valens, en 336.

Et ce même Valens, devenu arien, persécuta l'Eglise Catholique. Quatre-vingts ecclésiastiques, envoyés pour tâcher de l'apaiser, furent par son ordre enfermés dans un navire, et brûlés dans le golfe voisin de Nicomédie. Lui, ensuite, partant de Constantinople (en 378) pour aller combattre les barbares, s'irrita des paroles que lui adressait le saint moine Isaac : — Vous avez fait la guerre à Dieu, il n'est pas pour vous ; — et se promit de mettre à mort le prophète, lorsqu'il reviendrait victorieux. Mais arrivé en Thrace, il est repoussé à la première bataille, cerné par ses ennemis les Goths, et brûlé dans une maison où il s'était réfugié.

Si nous sortons de l'empire, nous trouverons partout les mêmes exemples. Revenons aux temps rapprochés de nous.

XI

LA QUEUE DE VOLTAIRE

On a donné ce nom à la tourbe de philosophes praticiens qui se sont mis en bataille pour renverser de fait ce que l'esprit de Voltaire avait si longtemps (comme on a dit) attaqué de gueule.

Après les escarmouches qui signalèrent la fin du règne de Louis XV et toute la durée de Louis XVI, la campagne commença stratégiquement en 1789. Elle n'est pas terminée.

Nous ne citerons que quelques faits généraux de la grande bataille.

Aux états-généraux, le 20 mai 1789, le clergé, toujours disposé aux concessions, renonce spontanément à ses priviléges pécuniaires; et, le 25 juin suivant, M. de Juigné, archevêque de Paris, est insulté par le peuple, qui le poursuit à coups de pierres au sortir de l'Assemblée nationale. C'était en récompense de ce que, pour subvenir aux besoins du rigoureux hiver précédent, ce prélat avait vendu sa vaisselle et engagé son patrimoine par de gros emprunts.

L'Assemblée déclare, le 4 août, que les biens ecclésiastiques appartiennent à la nation. Le 29 octobre, elle suspend les vœux de religion. Le 2 novembre, elle met tous les biens du clergé à la disposition de l'État. Ce décret est rendu dans les salles même de l'archevêché de Paris. Le 13 février 1790, elle surpprime les ordres religieux. Un mois après, vingt-sept couvents sont vendus à

Paris; des églises sont profanées par les calvinistes, auxquels on applaudit.

———

Le 25 octobre, l'Assemblée rend un décret qui exige des prêtres un serment odieux à la constitution civile du clergé [1] Pendant ce temps-là, on pille partout les abbayes; on saccage la métropole d'Avignon; les profanations éclatent de toutes parts.

———

Le 27 novembre, des émissaires se répandent autour de Paris et de Versailles, pour engager les paysans à se défaire de leurs curés. Deux cents coquins sont envoyés dans les départements avec la même mission. Quelques-uns colportent déjà des listes de prêtres à égorger, Péthion dit à la tribune de

---

[1] Cette constitution schismatique enlevait au Saint-Siége le gouvernement de l'Églsise, faisait de la religion une institution humaine, ruinait l'autorité catholique. On la devait à quatre avocats jansénistes.

l'Assemblée nationale que la théologie est à la religion ce que la chicane est à la justice ...

———

Le 3 mars 1791, l'Assemblée rend un décret qui ordonne de porter à la monnaie l'argenterie des églises et des couvents. Ce qui se passait alors en France ne pouvait se comparer, comme le remarque un bref de Pie VI, qu'à ce qui s'était passé en Angleterre sous Henri VIII. Le jour du Vendredi-Saint, on interdit le costume ecclésiastique.

———

Le 1er juin, des violences exercées à Paris contre les catholiques assemblés pour l'office divin dans l'église des Théatins restent impunies.

———

Le 26 octobre, Faucher, prêtre apostat,

soutient que les prêtres qui refusent le serment sont des rebelles ; il veut qu'ils n'aient aucun traitement, parce que, dit-il, on ne paie pas ses ennemis.

———

Le 1er janvier 1792, des violences exercées contre un prêtre insermenté de Brives, par des hommes armés qui lui enlèvent son argent, ne sont pas plus punies que les vexations commises sur les religieuses de Saint-François de Sablé. Des militaires maltraitent impunément aussi le curé insermenté de Maurepas, près de Péronne. Le département de la Loire-Inférieure oblige tous les prêtres insermentés de se rendre à Nantes, et de comparaître toutes les vingt-quatre heures au département. Les mêmes mesures sont prises à Angers et en d'autres lieux, au nom de la liberté, tandis qu'on accorde des lettres de prêtrise à un aventurier qui sortait des galères ; que l'on supprime les congrégations, même celles qui se sont consacrées à l'instruction publique et au service des hôpitaux.

Les églises sont fermées à Lyon pour les fêtes de Pâques de la même année. On fouette les femmes qui se rendent à l'église, à Lyon, à Paris, à Poitiers, à Bordeaux, et en d'autres villes. On demande, sur la proposition des protestants Cambon et autres, la déportation des prêtres ; on leur fait la chasse ; et, dans le mois de mai, on en trouve plusieurs morts dans les bois. Le 24 mai, Lecointre votait pour leur mise hors la loi. L'Assemblée décrète, deux jours après, que tout prêtre accusé par vingt citoyens sera déporté.

—

Le 11 juin, le ministre Roland écrit au roi une lettre menaçante pour le contraindre à sanctionner le décret de déportation des prêtres. Le mois suivant, on s'en prend dans Bordeaux à trois prêtres qui ont refusé le serment. On abat la tête de l'un, l'autre est assommé, le troisième est tué à coups de bâton, pendant qu'on plante un arbre de la liberté. A Troyes, des religieuses sont enlevées la nuit de leur couvent ; un prêtre est assassiné ; des maisons de personnes pieuses sont pillées.

Le 2 septembre, on massacre les prêtres dans les prisons, aux Carmes, à Sainte-Pélagie, à la Conciergerie, à la Force, à Saint-Firmin, à l'Abbaye, au Grand-Châtelet, à Bicêtre, au cloître des Bernardins, etc. Il dure jusqu'au 7. Trois évêques et plus de trois cents prêtres y périssent. Les mêmes horreurs se commettent à Meaux et ailleurs.

Le 21 février 1793, voit naître un décret

plus sévère encore de déportation des prêtres insermentés. Il s'exécute avec rigueur. Les vieux serviteurs de Dieu sont traînés de ville en ville, garrottés, livrés aux insultes de la populace, jetés dans des cachots. Les maladies contagieuses en enlèvent un grand nombre.

Le 7 novembre 1793, un décret est rendu par la Convention pour substituer à la religion catholique un culte *raisonnable*. La ville de Paris se signale le lendemain par le dépouillement des églises, par une procession sacrilége, où des hommes et des femmes revêtus d'ornements sacerdotaux, et portant en triomphe les vases sacrés, vont les offrir à la convention, qui applaudit à ces bacchanales.

Anacharsis Clootz fait sa profession de foi à l'Assemblée, et déclare qu'il ne reconnaît d'autre Dieu que la nature, et d'autre souverain que le genre humain. Il reçoit une mention honorable.

Carrier écrit de Nantes que quatre-vingt-dix prêtres embarqués dans un bateau de la Loire, y ont péri. Il les avait fait submerger. C'est ce qu'on appela depuis noyades, supplice de l'invention de ce représentant, qui le répéta plusieurs fois.

On fusillait les prêtres en Vendée ; on les noyait à Nantes ; on les assommait à Avignon ; on les guillotinait partout.

On avait remplacé Dieu la déesse Raison , que représentait partout une femme de mauvaise vie. Aux fêtes chrétiennes, on avait substitué les fêtes de la franc-maçonnerie : à la Nature, à l'Égalité, à la Fraternité, au Travail, à la Vieillesse, à la Vertu..., etc...

Voyons les résultats.

XII

CE QUI S'ENSUIVIT

—

Voltaire était mort, on sait comment. Jean-Jacques Rousseau s'était tué. Ceux qui après eux firent éclore la révolution qu'ils avaient semée, périrent plus directement, ou plutôt, si vous voulez, plus visiblement châtiés. Condorcet, disciple d'abord et ensuite victime de Robespierre, termina par le poison, six mois de proscription et d'alarmes.

Beaucoup de ses amis s'expédièrent comme lui.

Bailly, maire de Paris, lequel voyait un crime dans l'audace des parents chrétiens qui faisaient ondoyer leurs enfants, lorsqu'on ne pouvait pas les baptiser à l'église, et dénonçait ce fanatisme à l'assemblée législative, le 15 mai 1791, est décapité en 1793.

———

Loménie-de-Brienne, ancien archevêque de Toulouse, l'un des commissaires nommés en 1766 pour la réforme philosophique des corps religieux, principal ministre en 1787, évêque constitutionnel de l'Yonne en 1790, est attaqué le 15 février en 1794 par des bandits révolutionnaires, qui le forcent à les servir dans une orgie; on le trouva mort dans son lit le lendemain.

———

Joseph Lebon, curé constitutionnel en 1790, conventionnel, infâme assassin de plusieurs prêtres, est décapité en 1795.

—————

Thouret, avocat de Rouen, ennemi de l'Eglise, décapité en 1793.

—————

Rabaut-Saint-Etienne, ministre protestant, avocat de Nîmes, ennemi acharné du clergé catholique, dont il avait pressé la destruction, décapité en 1793.

—————

Le général Westermann, si cruel contre la Vendée et ses prêtres, décapité en 1794.

—————

Huguet, évêque constitutionnel de la Creuse, ennemi féroce des prêtres, guillo-.tiné en 1796.

—————

Javogues, bandit qui se jouait de la guillotine contre les prêtres et les femmes, fusillé en 1796, après avoir tenté, avec Huguet, de rétablir le règne de sang de 1793.

———

Le général Henriot, boucher, qui se trempa les mains dans le sang des prêtres, guillotiné le 28 juin 1794.

———

Le général de l'armée révolutionnaire de Vaucluse, Mathieu Jouve, dit Jourdan-Coupe-Tête, ancien garçon boucher, chef des assassins des 621 victimes de la Glacière d'Avignon, en octobre 1791, livré au bourreau par Robespierre, et décapité le 27 mai 1794.

———

Brissot, fils d'un pâtissier de Ouarville, près de Chartres, auteur de la *Théorie du*

vol et *de l'Apologie du vol* (d'où est venu le mot
brissoter pour voler et le mot brissotin pour
voleur), ardent ennemi de l'Eglise, dans ses
écrits et dans ses actions, décapité en 1794.

Fabvre d'Eglantine, poète jacobin, l'un
des auteurs du calendrier républicain, où
l'on remplaça les saints par des animaux
et des légumes, décapité en 1794,

Péthion, avocat de Chartres, maire de
Paris, qui avait dit à la tribune, dans ses hos-
tilités au Catholicisme, que la théologie est à
la religion ce que la chicane est à la justice,
mis hors la loi en 1793, trouvé en 1794
mort de faim dans les bois de la Gironde
et à demi dévoré par les loups

Buzot, avocat, qui, le 6 août 1789, aux

états-généraux, avait déclaré au clergé que ses biens appartenaient à la nation, était à côté des restes de Péthion, et absolument dans le même état.

———

Manuel, fils d'un potier de terre à Montargis, l'un des auteurs des massacres du 2 septembre, assommé par des bandits en mars 1794, et guillotiné le 14 novembre suivant.

———

Lasource, ministre protestant, ennemi atroce des prêtres à la Convention, décapité le 30 octobre 1793.

———

Anacharsis Clootz ; Prussien, qui disait le peuple Dieu, qui se vantait d'être athée et se déclarait *l'ennemi personnel de Jésus-Christ*, guillotiné le 24 mars 1794.

Bourbotte, conventionnel, l'un des dévastateurs impies de la Vendée, fusillé le 15 juin 1795.

———

Carrier, l'atroce scélérat, auteur des bateaux à soupape, des noyades des prêtres, et de l'entrepôt de Nantes, d'où sortirent 12 ou 15,000 victimes de tout âge, guillotiné en 1794.

———

Chabot, ex-capucin, conventionnel, que son démagogisme éleva à la place de grand-vicaire de l'évêque de Blois Grégoire, arrêté le 18 novembre 1793, s'empoisonna avec du sublimé corrosif. Mais les douleurs affreuses qu'il éprouva lui ayant fait pousser des cris aigus, on lui donna des soins qui prolongèrent sa vie jusqu'au 5 avril 1794, jour où il fut envoyé à l'échafaud.

Camille Desmoulins, mauvais écrivain, mauvais avocat, membre de la Convention, appelé le procureur-général de la lanterne (plusieurs victimes ont péri suspendues aux cordeaux des lanternes de Paris), l'un des organisateurs des massacres du 2 septembre, guillotiné le 5 avril 1794.

Danton, l'un des organisateurs des massacres du 2 septembre, guillotiné.

Duquesnoi, ex-moine, devenu assassin, ivrogne, rebelle à Dieu et aux siens, condamné à mort le 16 juin 1795, se poignarda.

Lacroix, conventionnel, persécuteur des prêtres à propos du serment, guillotiné.

—

Lebas, conventionnel, affidé de Robespierre, cruel persécuteur dans l'Alsace,
guillotiné.

—

Marat, médecin genevois, l'un des plus
hideux brigands de la terreur, qui deman-
dait dans *l'Ami du peuple* jusqu'à cinquante
mille victimes à la fois, tué pas Charlotte
Corday.

—

Maximilien Robespierre, guillotiné.

—

Robespierre-le-Jeune, guillotiné.

—

Authon, l'un des premiers ministres de
Robespierre, guillotiné.

———

Saint-Just, son ami, guillotiné.

———

Romme, conventionnel, l'un des apologistes de Carrier, condamné à mort le 18 juin 1795, se poignarda.

———

Grand-Maison et Pinard, complices des forfaits de Carrier à Nantes, guillotinés.

———

Dumas, président infâme du tribunal révolutionnaire de Paris en 1793 et 1794, guillotiné.

———

Fouquier-Thinville, accusateur public près le tribunal révolutionnaire de Paris, guillotiné.

—

Collot-d'Herbois, Vadier, Billaut-Varennes, déportés en 1795.

—

Collot-d'Herbois, le bourreau de Lyon, avait laissé un fils, Renobert Collot, guillotiné, il y a quelques années, pour avoir, déjà vieux, égorgé son oncle.

—

Collot-d'Herbois était mort à la Guyane, où il inspirait tant d'horreur, que les nègres ne l'enterrèrent qu'à moitié, et qu'il fut mangé par les bêtes féroces.

—

Châlier, Piémontais, le Marat de Lyon, où il voulait égorger en un seul jour neuf cents habitants, guillotiné.

—

Bertrand, maire de Lyon en 1793, digne soutien de Châlier, guillotiné

———

Lyon, du reste, comme Paris et d'autres villes, expiait ses excès. Rome, qui a été un moment le scandale du monde, a subi aussi sa peine. Toute la France, pour les excès de 1789 à 1794, eut sept années de misères, et ensuite quatorze années de guerre qui la dépeuplèrent.

———

Mais, si nous voulions en finir avec les hommes, nous devrions rappeler bien d'autres noms et bien d'autres faits.

—

Le ministre Roland, qui avait forcé Louis XVI à sanctionner le décret de déportation des prêtres, réduit à se suicider.

deux ans après, le jour où sa femme livre sa tête à la guillotine.

———

Louis XVI lui-même, qui, dans sa faiblesse, avait signé la spoliation de l'Eglise, mort d'une mort inouïe, sur l'échafaud.

———

L'effroyable Chaumette, qui faisait brûler au milieu de la Convention, les lettres d'institution des prêtres, guillotiné en 1794, avec Barbaroux, Faucher, Bazire. Izan, Soubrany, Phélippeaux, Mazuyer, etc., etc., etc.

Ceux qui ont survécu un peu plus à la chasse aux prêtres n'ont fait qu'expier ici-bas plus longtemps.

FIN

TABLE DES MATIÈRES